adriana lisboa

o vivo

elicário

ao Biel

*Clarice Lispector,
a senhora não devia
ter-se esquecido
de dar de comer aos peixes
andar entretida
a escrever um texto
não é desculpa
entre um peixe vivo
e um texto
escolhe-se sempre o peixe
vão-se os textos
fiquem os peixes
como disse Santo António
aos textos.*
Adília Lopes

11 prefácio

17 paraquedas colorido
19 répteis
20 vaga-lume
21 aves
22 por que o cachorro é um cachorro?
23 mosca
24 *atelopus zeteki* (rã-dourada-do-panamá)
25 cachorro
26 cantochão
27 corpo
28 *plumbago auriculata*
29 obrigada por perguntar
30 espírito de porco
31 a flor e o seu protesto
32 os olhos dos bichos
33 *zenaida macroura*
34 basalto sanguíneo
35 flor
36 divisa
37 o vivo
38 reflexões à porta
39 outro vivo
40 teoria das cores

42	vento
43	respirar
44	tempo
45	à espera
46	no caminho do templo
47	o povo foi às urnas
48	pátria
49	como abrir mão
50	sem nome nos mapas
51	o sermão da flor
52	composição
53	bandeira
54	lida dos cinquent'anos
55	venda
56	escondido
57	mente
58	tudo o que eu toco
59	avenida copacabana
60	desfile
61	outra opção
62	paz
63	rés-do-chão
64	um peixe lê drummond
65	subtrair às listas
66	aposta
67	solastalgia
77	obrigada
79	algumas referências
81	sobre a autora

prefácio

Claudia Roquette-Pinto

O que podem os poetas, em tempos de fim de mundo? Que sentido pode haver em se fazer poesia, diante do caos que permeia nosso planeta neste século 21? Se o fazer poético se resume a um mero jogo formal de linguagem, com malabarismos intelectivos salpicados de referências para impressionar os eleitos, a poesia pode pouco, muito pouco, nesses tempos apocalípticos. Mas quando é fruto da prática de toda uma existência, inarredavelmente comprometida com a investigação do ser, quando, ainda, inclui em sua mirada o reconhecimento do Outro como digno de respeito, curiosidade (e até de amor), sem, nem por um momento, deixar de lado a mais fina artesania – aí, sim, a poesia esplende em toda sua potência transformadora e se constitui em uma afirmação incontornável da vida.

Eis, portanto, *O vivo*.

Quarto volume de poesia da premiada romancista, contista, tradutora e autora de literatura infantojuvenil Adriana Lisboa, *O vivo* é um livro de flagrante inquirição metafísica e metalinguística, que tem o corpo como bússola e a linguagem como algo de que se desconfiar.

Impossível não reconhecer, de imediato, nos poemas desta coletânea a influência dos ensinamentos budistas, assim como da prática de meditação, tão caros à poeta. Somadas aos reflexos temáticos e imagéticos de seu longo convívio – exímia tradutora que é – com a melhor tradição da literatura oriental, estas experiências vertem em versos como "a mente não raro não dura/ dez segundos de miragem" ou, em "*Atelopus zeteki*", citação recriada à célebre rã de Bashô – pois o batráquio de Adriana não salta para dentro de um tanque, e, sim, "para dentro do poço amoral/ do tempo".

Em *O vivo*, Adriana segue corajosamente ao encontro de uma vida livre de palavras, em busca das coisas em sua inteireza, além (ou aquém) da linguagem, pura presença. Usando a linguagem como o dedo aponta a lua, para nos guiar em direção àquilo de que o discurso não dá conta. Muitos dos seus poemas nascem do ponto de inflexão onde o "eu" e a palavra que o nomeia se descolam. Liberto do "eu" e de seus nomes, o que pulsa nestes poemas é o vivo, algo inominável que só tocamos a partir da experiência direta, em primeira mão – seja ela a experiência meditativa ("Há um animal que em mim/ se observa/

e segreda ao largo vivo/ dentro dele/ e por toda parte ao seu redor:/ eu"), poética ou do amor ("ela era o que livre se entrega/ pronta para outro infinito/ e mais outro/ quando este infinito terminar").

São poemas que falam de encontros intensos e fortuitos ("o lampejo do corpo") entre bicho e gente, quando estes cruzam as barreiras de suas respectivas espécies para abrirem, juntos, um espaço de contato imediato e luminoso, "um fundo de mistério mais velho que nós/ dois/ bichos que refletem/ e amplificam a luz" ("Cachorro").

É assim que os reinos animal (répteis, vaga-lumes, aves, moscas, rãs, porcos, abelhas), vegetal (belas-emílias, cravos, rosas, magnólias, amarantos) e mineral (basalto sanguíneo) se tornam o motivo e os interlocutores de Adriana, numa reafirmação da interconectividade de todas as formas vivas, sua igualdade de protagonismo, sua interdependência. O uso constante de nomes científicos parece acenar para uma universalidade dos fenômenos – a despeito da língua com que os homens os nomeiem – denunciando, ao mesmo tempo, uma certa ingenuidade nesta nomeação, já que, no fim das contas, como pergunta a poeta, "o que será uma flor/ sem significante/ nem significado?"

Outra notável linha de força a atravessar *O vivo* é a experiência do exílio. O olhar distanciado e nostálgico da poeta volta-se para um país que, aparentemente, deixou de existir (ou que, de modo enganado, julgávamos ser o nosso). Indo além da saudade, Adriana aspira à abolição da própria ideia de nação, o que se torna explícito em "Pátria". Aqui, ao modo do Ricardo Reis escolhido para a epígrafe ("Prefiro rosas, meu amor, à pátria"), Adriana almeja "no máximo/ a glória apátrida/ de rosas e magnólias/ a virtude/ das raízes crescendo/ através das fronteiras".

A saudade e a perplexidade diante dos rumos atuais do Brasil, presentes em peças como "No caminho do templo" e "O povo foi às urnas", entre outras, parecem atingir sua culminância em "Bandeira", poema no qual se encontram as linhas mestras do livro: a investigação da linguagem a par do sentimento de exílio; o olhar sobre o insignificante como pleno de sentido; o reconhecimento do Outro e sua suprema relevância; a busca do que seria, quiçá, uma nossa "identidade nacional"; a escolha da poesia como verdadeira pátria; a aposta na vida.

Recorrendo a uma instância biográfica (sua grande afeição pelo poeta Manuel Bandeira), Adriana nos dá provas da verdadeira potência da escrita quando, partindo do escopo do individual e do mais particular, encontra vias para desaguar no coletivo. Aproveitando a homonímia entre o poeta pernambucano e nosso vilipendiado símbolo nacional, a autora deliberadamente cria uma oposição de forças: à grandiloquência abjeta dos que hoje "declamam vergonhas/ como quem ganha na loteria", o poema reafirma o completo poder do ínfimo, daquilo que pulsa em nosso íntimo, ao rés do chão: "fincada na sujeira da esquina/ do beco do quarto de hotel/ aquela que ninguém viu/ a bandeirinha tremulante esfarrapada/ do vício do amor". De modo comovente, é no campo de força da poesia, no colo dos nossos mestres e antepassados que a experiência do não pertencimento vai encontrar refúgio e acolhida. E recursos para, a partir dali, reerguer-se e se ressignificar.

A poesia deste *O vivo*, potente, generosa, afirmativa, é um relampejar em meio à nossa escuridão cotidiana, captado por uma autora que almeja a simplicidade de um "deus descalço/ e bom". Poesia que renova nossa aposta na vida, entendida como o intervalo breve, brevíssimo, entre o primeiro sorvo de ar e nossa última expiração. Lampejo de vaga-lume. Batida do coração.

Eu gostaria de eleger palavras que sejam, para começar, nuas, simplesmente, palavras do coração.

Jacques Derrida, *L'animal que donc je suis*

paraquedas colorido

> (...) *o cosmos onde a gente pode despencar em paraquedas coloridos.*
> (Ailton Krenak)

todo o caleidoscópio da vida
do fim ao início
(pense no tempo como
um acompanhamento)
o caco de asteroide em que tropeço
no torrão de multiverso que habito
poeira de poeira
— tudo sorri enquanto
despenco
num paraquedas colorido

eva

como se lavra a palavra
terra
como se pesa
    se pila
a palavra

como se bebe a palavra
    água
como se morde a palavra
    cão

como se livra
do livro
no livro
essa brasa acesa
essa ave brava
essa eva
    a palavra?

répteis

> *Se houver tempo, devolve a poesia aos répteis*
> (Edimilson de Almeida Pereira)

se houver tempo
devolve a poesia aos répteis
deixa que ela se estenda ao sol
e infle os pulmões sob as costelas
rústica   algo quebradiça
mas a bem da verdade inocentada
desses e de outros adjetivos
se houver tempo
devolve os répteis aos répteis
as matas à sua filigrana
o pântano às suas poças
os mares à sua luz
devolve o humano ao seu
um tanto quanto
ave réptil anfíbio   (parentes
    há quatrocentos milhões de anos)
capaz de se espraiar pelo tempo
de vida
que ainda houver
e saber que ela também se passa
de graça e à toa
enquanto estranhos fantasmas
degolam-se uns aos outros
no subsolo dos distritos financeiros
e sempre chegam tarde para o jantar

vaga-lume

ter órgãos bioluminescentes no corpo
reluzir em danças nupciais
como se não houvesse   e não há
amanhã
aquiescer se me dão o nome
de vaga-lume
sabendo que não passa
da eufemização de caga-lume
e às vezes me dizem pirilampo
lumeeira   *uauá* em tupi   tanto faz
(lembra ainda o filósofo
que em italiano eu e as putas
somos as mesmas   *lucciole*)

vai a vida dançada
nessa volúpia luciferina e mansa
o lampejo do corpo
o velo da noite
passageira a vida e eu dela

e todos os meus amores
resplandecem em mim

aves

> *Mas pode ser que caia bem*
> *a voz delas, em proporção ao nosso peso.*
> *Por isso, que voem elas para a pátria.*
> *Por isso, que gritem elas em nossa vez.*
> (Joseph Brodsky)

o ar está pesado
como uma piada de mau gosto
desertas as ruas
e as prateleiras dos mercados
— parece que nos arrancaram
do nosso próprio corpo
feito um dente
e fica esta boca banguela
para nos denunciar ao espelho:
eis aqui tudo
que endossávamos em nós
menos
o xis de nós mesmos na equação

pesados de chumbo que estamos
nublados de medo
morremos sem tempo de ler
    no noticiário
que peixes e algas voltam
a matizar os canais de Veneza
tartarugas pastam na baía de Guanabara
e nas nuvens as aves
voam para a pátria   sem peso
gritando aleluias
com a nossa voz

por que o cachorro é um cachorro?

para Roberta Consort

é a pergunta que faz o menino
aos adultos na tribuna
todos riem nervosos
sem saber o que dizer
sem saber o que saber

muitos já perderam o juízo
por perguntas como essa
abandonaram cidades e famílias
saíram por aí de olhos magros
e passos tortos
muitos jogaram com ela
na bolsa de valores e perderam tudo
outros tantos venderam a alma
roeram a ciência ao tutano
pelaram a retórica à raiz

o menino
insiste: por que o cachorro é um cachorro?
os adultos
não sabem como sair dessa
e o cachorro
coça as costas distraído
enquanto cochila
sobre uma poça de sol

mosca

a mosca labuta
toda asas e patas
seu pequeno corpo acobreado
golpeia a vidraça
desiste   insiste
golpeia a vidraça
desiste   insiste

a tarde toda
a mosca se empenha:

sua gaia-ciência
seu deus vigilante
seu tempo de vida
o zumbir da sua sina
a redondilha
do seu labor

atelopus zeteki (rã-dourada-do-panamá)

morrer por inteiro
meu corpo vingado em ouro
    conforme reza a lenda
os nomes científicos não mais
que vaga reflexão tardia (despropositada rã
    em latim)
a sorte que eu trazia
aos que dessem comigo no caminho
pura contrafação
    morrer de todo
morrer com todos
os meus corpos
úmidos anfíbios brilhantes
    saltar
    para dentro   do poço amoral
    do tempo
morrer por fora morrer por dentro
e entrar para a história
que os homens contam
sobre os homens
    jamais sobre as rãs

cachorro

a ciência ainda especula
se você distingue bem entre o verde
e o vermelho e o amarelo
e conta que no fundo dos seus olhos
há pigmentos que refletem e amplificam a luz
cento e trinta vezes mais
do que o olho humano
e que diante da tevê o que vê
é uma sucessão de slides
já que enxerga mais quadros
por segundo do que as pessoas

mas quando toco a ponta
do meu nariz no seu
e os nossos olhares se entrançam
não há ciência
talvez não haja nem mesmo história
o que vê a mulher
no cachorro e o que vê
na mulher o cachorro
por trás dos olhos do cérebro da memória
um fundo de mistério mais velho que nós
dois
bichos que refletem
e amplificam a luz

cantochão

para Jocy de Oliveira

na pele
e debaixo dela
cada célula do corpo encarna
breve alma elementar
e trabalha
abelha
operária
zumbindo o assombro
de aqui estarmos:

infinito
por enquanto
o cantochão da nossa fé

corpo

gratidão pela companhia
que ele faz
por sabê-lo presente
por ora capaz de passos
de contradanças e alegrias e
de ficar mais ou menos
quieto quando peço

gratidão por senti-lo
paciente comigo
resiliente sempre pronto a
receber um novo dia como
um dia novo
apesar da subtração no calendário
gratidão por constatar
que no seu léxico simples não cabem
espelhos   que o corpo goza
o sol pelo sol e o sentido
da laranja sem palavras no palato

corpo roupa de festa e trabalho .
corpo mobiliário buquê

gratidão ao corpo
por tolerar este acólito que pensa
o que ele corpo dispensa
este burocrata que lhe complica a vida
e depois faz
um arranjo de versos para se desculpar

plumbago auriculata

numa tarde de calor precoce
conversamos sobre um jardim
concebemos canteiros
alistamos espécies dessas que
se deleitam com um exagero de sol
até chegar à *Plumbago auriculata*
conto que no meu país
ela se diz bela-emília
conto que
se pudesse
minha mãe estaria aqui conosco
nesta tarde de calor precoce
imaginando canteiros
e compondo com a bela-emília
sua botânica
genealogia do amor

obrigada por perguntar

a saudade
não é da ordem do tempo
mas sim do espaço
não se trata de querer
rever revisitar reencontrar
(reiteração de verbos
        num infinitivo infinito)
mas de algo da equipe do corpo
seu acervo de cheiro e ruído
seu buquê de seiva e voz

a saudade é da ordem do espaço
    vago
da ordem da fome que come
e não passa
de um frio por dentro do osso
ainda que a cara   e a vida
pendurem na parede o certificado
honoris causa:
comigo tudo bem
obrigada por perguntar

espírito de porco

quando o porco morrer
o seu espírito
subirá aos melhores galhos
onde douram excelentes maçãs
jogará bola
com meninos e cachorros
ouvirá a cantiga
na voz da mãe que o
alimentou
no remanso de um dia
quando o porco morrer
o seu espírito
há de pairar
rico de estrelas
junto ao de todos os deuses
que brincam sobre a face das águas

e será um outro mundo
o que virá
quando disserem luz

a flor e o seu protesto

tanto já se falou da flor e o seu protesto
aquela que rompe o asfalto
a que entope os canos dos fuzis
feia ou cravo
ou o cocar do amaranto
(semente-bomba sobre os campos
da Monsanto)

tanto já se usou a flor
em rima pobre em rima rica
ou de classe média
canções e coroas fúnebres
e nos altares às dúzias
e nos falsos pedidos de desculpas

mas o que diz a flor
quando não a tomamos emprestada
para lutas lutos amores
ou metáforas

o que será uma flor
sem significante
nem significado?

os olhos dos bichos

> *Continuam a avassalar*
> *Sua alma os olhos dos bichos*
> *Mas sua memória quer rever*
> *Os que já viu uma vez e sorriam.*
> (Mariana Ianelli)

o pássaro e eu
num jogo do sério
ele de lado
eu de frente
que é como a natureza dispôs
o nosso jeito de olhar
ocorre-me então que o nosso
jogo do sério é um sorriso
espelho contra espelho
na esfrega dos milênios
quanto já nos entendemos
e estranhamos
não importa

é um sorriso
o nosso jogo do sério

até que o pássaro se cansa
e vai cuidar da vida
sem que importe mais que um apetitoso verme
o que sinto
ou os sorrisos
que fabulo entre ele e mim

zenaida macroura

rolinha-carpideira
dizem   como se o seu canto
fosse de luto
mas ao contrário
enquanto lá nos telhados das árvores
resplandecem as vozes
espetaculares de outros pássaros
como a poliglota cotovia-do-norte
que encena diariamente
sua infinita ópera-pastiche
    (de cor imita mais
     de cento e cinquenta outras aves
     e mesmo insetos buzinas apitos)
ou o galo-azul o cardeal-do-norte
todos garbosos e cheios de
cristas
enquanto isso a rolinha-carpideira
canta para os seus
que talvez   se por acaso falassem
nos explicariam que ela não está carpindo
coisa nenhuma
que seu estado de conservação é pouco preocupante
e que nesta primavera ela trouxe outros
filhos ao mundo
sem maiores alvoroços
contente com um léxico de duas
notas em surdina
e um ninho reciclado
do ano que passou

basalto sanguíneo

o único lugar no mundo
onde existe basalto sanguíneo
é o rio Taquari

pequena estria vermelha
no colo do basalto preto

pedra
avessa ao templo dos verbos
inteira no berço do rio
       tempo
que habita —

no carnaval das estrelas tudo
é agora e sempre
está onde deveria:

a pequena estria vermelha
no colo do basalto preto
esses moços
e um rio
a que dão o nome de Taquari

flor

a língua roça
pétalas sépalas
lábios
a língua sorve
corola
a língua decora
cálice
a língua roça o palato
da boca
chega à glande chega ao talo
duro e suave estigma
a língua diz
e goza
a flor

divisa

penso versos
em que eu não caiba
enxoto a palavra que
o eu designa
mas vem ela e salta
monossilábica e tônica
para dentro do meu projeto

— haverá sabotagem
(eu se pergunta)
nesse ao redor
nesse céu de tanto azul
nessa mosca pesada e lúdica
batucando na janela?
como ter certeza de que há
vida para além
da divisa do meu?

— não me atrapalhes (respondo)
não te pertenço
não me pertences
basta a confusão de achar
que te habito
no instante em que escrevo isto
como se o meu pronome fosse eu

o vivo

vivo como se fosse
meu este instante
mas ele não é mais
que canteiro
do vivo

há um animal que em mim
se observa
e segreda ao largo vivo
dentro dele
e por toda parte ao seu redor:

eu — nada mais
do que aquilo que habito
este instante
um canteiro
o ar que inventa o pulmão

reflexões à porta

as pontas dos dedos
uma camada de tinta as fibras da madeira
a serra elétrica e a lixa grossa
o marceneiro os calos das suas mãos
a canção que ele assobiava
ao lixar a porta
quem compôs essa canção
a longa viagem de ônibus
que inspirou a canção e a cidade
para trás para sempre
o motorista do ônibus e suas dores
nas costas e sua camisa limpa e a garrafa
térmica de café que preparou antes de sair
ainda de madrugada
antes de beijar o filho adormecido
e fechar cuidadoso a porta de casa
tocando por um instante
com as pontas dos dedos
a suave camada de tinta
sobre as fibras da madeira
eixo do mundo
      dentro e fora
      tudo imenso e uma coisa só

outro vivo

cães
por dez dias submetidos
à privação do sono

a fim de que se averiguasse qualquer coisa
por fim averiguada pelo cientista estadunidense
e depois confirmada pelo cientista japonês (bolsas
de pesquisa artigos publicados quem sabe um prêmio)

cães
por dez dias submetidos
à privação do sono
e isso não é nada:
há o caso da lagosta escaldada viva
do rato lobotomizado
do boi eviscerado

continua valendo
por ora o vivo
o valor que arbitramos
vassalos que somos (dizem que *sapiens*)
dos nossos intestinos
mais bichos que o mais bicho cão

teoria das cores

As cores são ações e paixões da luz
(Goethe)

para Raquel Abi-Sâmara

I
amarelo:
sete letras que um idioma
soma — partindo da abertura da vogal
mais valente
até a indecisão de outra
já em franco abismo
entremeando-as com
uma consoante macia
outra crespa   outra líquida

sete letras com que um idioma
abstrai milho manga dente-de-leão
(dito assim tudo também
abstração)

e no entanto o amarelo
é cor de outro nome
para um esloveno   um curdo
o amarelo é   para um cego
    um tom do palato da pele da mão
o amarelo é   para um pássaro
amarelo-pássaro:
ação e paixão da luz

II
azul:
quatro letras que um idioma
soma — cobrindo o alfabeto num salto
para depois uivar uma ideia
que ficou esquecida
ou não era tão relevante assim

palavra boa essa   azul
não importa que diga
respeito a uma cor
basta o azul pelo azul

III
verde:
cinco letras
a meio caminho

IV
magenta

vento

> *O vento só fala do vento*
> (Alberto Caeiro)

escuta o vento falar do vento
o vento debater com o vento
o destino do vento
escuta o vento enlaçar amorosamente
o vento   espraiar-se nele
aventurar-se nele
avançar por dentro dele
o vento que aventa o vento
que ocorre ao vento
escuta o vento farejando o vento
arejando o vento
vociferando o vento

escuta o silêncio do vento
ao guardar
o seu rebanho de vento

respirar

milagres não existem
ninguém tocou nesse assunto
respirar é da feira de ciências do corpo
o aluno vai lá e aciona um botão
o movimento começa
um acordo com o mundo
o ar do lado de fora
do lado de dentro
do lado de fora de novo
(poderia constar com dignidade
de qualquer carteira de trabalho:
existe e respira)

no início surpreende e dói
essa sanfona no peito
mas logo se pega
o jeito da coisa
e no fim do experimento
após tempo indeterminado
o último ar que nos coube
volta ao que não cabe em nós

entre um instante e outro
uma contingência
a vida
com sorte um amor ou dois

tempo

ocorrer dentro dele
em vez de correr ao seu lado
percorrer-lhe as mínimas veias
escavar o tempo fóssil
guardado
dentro do tempo
vagar a maratona
reticenciar a confusão
ele é largo   o tempo
e nesse vau em que se exerce
empatamos todos
tanto faz se Aquiles ou tartaruga
ocorremos todos
os que correm e os que não

à espera

à espera
não de que o mundo venha
necessariamente
a fazer sentido
para além do sentido
de estar nele
    (para além de senti-lo)

à espera
de que nada
aconteça   de que esse excesso
de fala de falo de pose de estilo
de álcool de asco de conversa
fiada
já não valha nem a pena
de um poema

à espera
de que nada
venha   a nos abonar
e redimir   e de que o mundo (o sentido
de estar nele) se resuma
a devolver com zelo
o olhar líquido de um cão

no caminho do templo

Deus se perdeu
no caminho do templo
agora são só os homens
perfilados   abençoados
pelo diabo
que cotidianamente
os carregue

o povo foi às urnas

o povo foi às urnas
como quem vai à pelada
de domingo

não se via um cristo
pelos desertos da Judeia
o coletivo era um pau-de-arara
o amor uma alegoria
corpos vigiados
escorriam pelas sombras
das fronteiras

o povo foi às urnas
pedir pão e pedras
surdo às palavras maçantes
que saíam
da boca abstrata de Deus

pátria

> *Prefiro rosas, meu amor, à pátria.*
> *E antes magnólias amo*
> *Que a glória e a virtude.*
> (Ricardo Reis)

no máximo
a glória apátrida
de rosas e magnólias
a virtude
das raízes crescendo
através das fronteiras
uma revolução no escuro
sem mártires
nem líderes
nem heróis

como abrir mão

as instruções são simples
primeiro é preciso que os músculos
esqueçam sua paixão narcísica
que exerçam o desapego das fibras
e sem mais para o momento
desobriguem os ossos de tanto labor
depois é preciso que os dedos
desabrochem como uma rosa
dos ventos
partam como aventureiros
em cinco extensões do centro
e que ele   o centro
onde linhas entrecruzam recados
deixe que o que vinha ali oculto
detido cativo
vá embora se quiser
fique se for o caso
pousado como um sopro
na palma aberta da mão

sem nome nos mapas

a vida infinita cabia
num único pedaço dela
num único dia talvez
num único esboço
de frase por declarar
era uma ilha
sem nome nos mapas
esquecida pelos conquistadores
deprezada até mesmo
pelos náufragos
que preferiam ir morrer em outra parte

a vida infinita não pretendia
sobreviver a si mesma
amante das tardes quentes
de um país estrangeiro
ela era o que livre se entrega
pronta para outro infinito
e mais outro
quando este infinito terminar

o sermão da flor

Certo dia, num de seus sermões, em vez de falar ele apenas exibiu uma flor que trazia na mão. Todos olharam desconcertados. Somente um dos presentes sorriu.

composição

o que é que em mim
afaga o pelo morno da raiva
o que nesta composição de pele
e ossos e entranhas sente
o soco da cobiça
o fisgar da frustração
o que é que desenrola novelos e novelos
de autocomiseração (a própria
palavra embaraçada em si   em sílabas)
onde fica o palácio do governo
a sala do chefe a carruagem de Krishna
o que em mim
se amansa em alegrias num abraço
se entrega em alvoroço a um irmão
o que em mim não atende o telefone
finge que não viu se doa ao desconforme
     tropeça resvala
o que em mim demite o jornal do dia
briga no trânsito afaga a coberta
perfuma
o ar para alguém
o que em mim é imensa planície mongol
ruína de usina nuclear
o que rege esta orquestra mística
rústica   este negócio de fundo de quintal
e o que sobra
no campo de batalha
depois que todos os textos sacros
tiverem sido usados
para queimar os homens bons?

bandeira

procuro-a
pura ou degradada
até a última baixeza

não a da pátria
apropriada por uns sujeitos
que declamam vergonhas
como quem ganha na loteria

procuro a bandeira
fincada na sujeira da esquina
do beco do quarto de hotel
aquela que ninguém viu
a bandeirinha tremulante esfarrapada
do vício do amor
a estrela
estandarte
de Manuel
bandeira da vida inteira

lida dos cinquent'anos

em cinquenta anos
a pessoa já foi
ridícula mais vezes do que
retém na memória
mas vá lá — também viu
o sol se pondo pelos olhos dos outros
e percebeu que o silêncio
nem sempre faz mal

parece que tudo foram
lições de partir
mas chega-se a uma sinonímia
inesperada:
partir   ficar
ambos o mesmo chão

a roupa se lava sem pressa
a noite se vive sem drama
e o tempo   o tempo
é um irmão
que um dia nos pregava peças
dizendo que os cinquenta anos
levariam pelo menos cento
e cinquenta para chegar

venda

I
revendo poemas
encontro-me
devendo poemas
tenho fome
ando tonto
    tropeçando

vendo poemas

II
vem um passante
e apiedado oferece
tome aqui um troco
vá comprar um pão
(pelo menos por ora
livram-se da venda

os poemas)

III
infelizmente
uma única boa intenção
não enche por muito tempo
a barriga de um desvalido

volto à venda
no ato me vendo
(no ato da vida)

      mas juro:
também isso é por amor
aos poemas

escondido

infalivelmente simples
o que ele tinha a dizer
e de tão simples
nunca conseguíamos pôr aquilo em prática

que diabo
a dor que dá
desistir por um instante
da fabulação de nós mesmos
era só isso (e era tão simples)
o que ele tinha a dizer

mente

nem sempre a mente
é pura impostura
ainda que dê indícios
de estar embromando o usuário

a mente às vezes contesta
a si mesma
quando sitiada
e então diz a verdade
a mente não raro não dura
dez segundos de miragem
se exposta à mirada
da própria mente

e então a mente
à mente pergunta:
que sem-fim é esse
que largueza
essa que se contempla
quando a mente se desmente?

tudo o que eu toco

tudo o que eu toco torna-se novo
disse um homem
chamado Floresta de Bambu

tudo o que eu toco no trânsito
deste ir e vir é novo
de novo e de novo
a folha de alface o saco de lixo
um samba   que eu toco
a mão do cumprimento na praça
alguém que se foi
mas cuja memória toca-se em tudo
que vem desta troca (a forma
pelo conteúdo)

tudo o que eu toco
resiste ao golpe
de sintaxe e semântica
resiste às tropas marchando na rua
tudo o que eu toco (essa
a troça da vida)
torna-se novo
mesmo o que de tão velho
já desisti de retocar

avenida copacabana

mundo cavo
mundo chão
quem nasce torto
se antecipa à contramão
fuzis de flores
o bafo incenso dos ônibus
os olhos bem fechados
    à beira do precipício:
desconjugue-se o verbo da queda
vingue somente o sopro
deste mundo bravo
deste mundo
    (apesar do mundo)
irmão

desfile

roda o mundo e é como
se o desfile do eu fosse só mais
uma opção de sentido

passamos: uns
se demoram mais   uns menos
mas no fim do dia e do caminho
não valeu a pena a bile
não fechou a conta a borda
    cinza da melancolia
assentada como um cachorro velho
sobre a marca dos seus pertences

o rescaldo foi o palpite da alegria
espécie de menos-valia da vida
espécie de estar aqui não estando
e não obstante meter-se nisto
até o pescoço

(só mais uma opção de sentido
já que inventamos todos os dias a roda
-gigante do mundo
onde precária
gira
a geringonça do eu)

outra opção

para Gil Fronsdal

tudo o que é meu podem levar
tudo o que é meu já não é mais

o centro
não é um ponto fixo no espaço
mas sim o espaço coagulado num ponto
tudo é o contrário do que eu imaginava
tudo vinha de outra direção
a palavra cúmplice estava em não dizê-la
o tempo da colheita era antes de semear
e a chave do mundo
estava em desistir da porta

que o vento limpe tudo
de modo que eu jamais seja
a minha outra opção

paz

para Bruno Murtinho

paz ao que acaba
ao ruído que já vai na esquina
ao inimigo que nem
sabia sê-lo e ao amigo que
idem
paz aos falsos profetas
e aos verdadeiros que nos olham
do fundo da mata do fundo
do poço do medo
sem medo
paz aos que não falam
nenhuma das nossas línguas
paz aos que urram nos nossos ouvidos
em todas as nossas línguas
aos que saem armados
até os dentes
paz aos ditadores e aos suicidas
aos abstêmios
àqueles que adoecem
e se curam e ao que não tem cura
paz a este mundo humano e roto
que se dissolve no tempo
ao tempo dissoluto da paz

rés-do-chão

no fundo de cada coisa
o raso
no vasto de cada coisa
o ínfimo
no descampado o íntimo   na nudez
    um nem atinar com ela
no reles de cada coisa
o tudo dela
vida em revoada

no liso de cada coisa
o côncavo
no mínimo de cada coisa
sua extensão
no descompasso o ritmo   na embriaguez
    uma espécie de rés-do-chão

em meio metro
de qualquer coisa
um deus descalço
e bom

um peixe lê drummond

ficou aberto o livro
do lado do aquário
de modo que o peixe lê
sobre a forja do governo
e os soldados de espingarda
à caça de eleições e passarinhos
    (mas há os tiros que são só
      pelos tiros mesmo)
ficou aberto o livro
e o peixe lê
sobre coisas que não
lhe dizem respeito
nem à temperatura controlada
da água onde respira
nem à comida que todos os dias
deus chacoalha na superfície
do seu pequeno mundo

saem bolhas
em vez de palavras
quando ele arrisca um comentário
e constrangido o peixe se cala   (ou
muda de assunto)

a indústria matadeira   grassa
mas por enquanto
ainda não ameaça o seu aquário

subtrair às listas

desfiar o momento é
desafiar-se
o que é isto? senão o trem que ronca ao longe
noutra cidade aos ouvidos de outra pessoa
senão o motor de uma máquina
o rufar de um intestino
o neutro assobiar de um pássaro
cuja estação já vai ao fim
o que é isto? senão estas infinitas listas
o isto em seu abismo
desfiando-se e
o que mais há aqui? senão o vagar de um poema
que quase prescinde de sê-lo
podendo talvez
subtrair às listas
responder *o que não é isto?*
o que mais não há aqui?

aposta

meu amigo manda a foto
da sua nova namorada
e não sei se todo esse azul
que invade a minha tela
é do céu do mar de um par de olhos
ou se é só ela
ou se é só um dia limpo por contágio
de tão alegre que está o meu amigo
com a nova namorada
que o chumbo destes tempos se vexa
e aquele árido meio metro
quadrado de esperança
infla como um imenso balão de festa de aniversário

digo ao crupiê
que vou continuar apostando

solastalgia

Marte está mais próximo à Terra
precisamente hoje são 56 milhões de quilômetros
ponto vermelho radiante
diríamos uma estrela daqui deste
outro ponto onde vaga-lumes sobrevivem

precisamente hoje
os tons do outono aprovisionam
a paleta dos fotógrafos e
o jornal estampa a palavra *solastalgia*:
saudades de casa sem tê-la deixado

os tons do branco ártico
a 56 milhões de quilômetros do próximo
planeta a colonizar
enchem os olhos de
saudades de casa sem tê-la
querido deixar
colonizar (verbo à caça de tempo)
pelo tempo dos homens

mas o progresso dos coturnos
o trincar
dos glaciares — tudo é recreativo
aos olhos do observador:
verdes olhos no tom das dunas verdes
de um Trump Golf Club em Dubai
ou Aberdeen ou mesmo em Júpiter, Flórida
(dezoito buracos) que citamos
para manter o tema planetário

solastalgia é ter saudades
do lar que nunca ficou para trás
o luto pela violenta mordida
do tempo dos homens
quando tudo muda tudo fala tudo falta
tudo é mudo no ruído branco ártico deste ponto

de luz   como será a Terra
vista de Marte?

o Ártico derrete e os vaga-lumes aprovisionam
a paleta dos filósofos
a Terra vista da Terra
contradição das contradições (antes
fosse mesmo a poesia)
que os olhos vaguem pelas estrelas
pressupõe-se que os pés ao menos
estejam aqui

os habitantes do Ártico
abatidos pela solastalgia
a Terra vista da Terra
a Terra à vista
o coração um ponto vermelho radiante

as novas cores do Ártico aprovisionam
a paleta do noticiário que se lê
com um estalo condoído da língua
diríamos uma estela funerária
diríamos uma estrada para onde

56 milhões de quilômetros
mais próximos de Marte
do que de nós

•

tudo o que é forma (a forma
de Marte a forma da bola de golfe de gude
da palha do outono do gelo)
está o tempo todo vindo a ser

tudo o que é forma (a forma de Júpiter
da Flórida a forma imaginária do Círculo
Polar Ártico)
está o tempo todo deixando de ser

debaixo da asa cinzenta do dia
este chumbo mais denso que o jornal
meu amigo quer saber onde se escondem
as formas da beleza
as formas da alegria

o coração um ponto vermelho distante
o tempo todo vindo a ser
o tempo todo deixando de ser
sístole   um punho que se fecha
diástole   uma nau que se vai
mas se vai será que é para mais uma
conquista uma violação

válvula mitral regurgitando o mundo
sangue fluindo para trás
história correndo para trás
e um homem com o joelho no pescoço de outro homem
pressionando enquanto este diz não consigo
sístole diástole não consigo
as formas da beleza as formas da alegria
não consigo respirar

confundimo-nos: será mesmo Terra à vista
daqui desta superfície trincada vermelha
a pele esfolada de Marte
na palma da nossa mão?

ou será que a nau que se vai
ruma a um tempo mais amplo
um tempo de templos franqueados a tudo
um tempo livre de altares
sacrificiais

o coração um ponto vermelho distante
o coração um templo vermelho pulsante
sístole   um punho que se fecha

todos os diabos são parecidos
há abismos fundos   tão fundos

que lá não chegam os anjos
nem a luz

•

e no entanto há vaga-lumes
pequenas estrelas pisca-piscando
ao redor do Palácio do Planalto
a vida é mais importante do que a arquitetura
disse o comuna que o projetou   lembra?
solastálgica capital do que
era para ter sido e não

contradição das contradições (antes
fosse mesmo a poesia)
faltou diástole sístole
essa coisa estapafúrdia que é o coração

forma é vazio mas olhando
de outro ângulo forma é conteúdo
por isso como é estranho quando o rapaz diz
a arte é mais importante do que a vida
(não que os vaga-lumes se importem)

•

vivo no mesmo lugar mas
tudo mudou tanto tudo
ao meu redor está tão diferente
que sinto saudades de casa
mesmo ainda estando aqui

ela propõe que fechemos
os olhos e imaginemos:
toca o telefone é o médico
diz que o resultado dos exames não é bom
e só temos mais um ano de vida
céus! um ano *tudo ao meu redor*
talvez eu precise ir me despedir de

uma amiga meu pai uma floresta
a cidade vista de cima quando

toca de novo o telefone é o médico
diz que o resultado dos exames
revisto é pior do que se imaginava
e só temos mais um mês de vida
tudo ao meu redor está tão diferente
e o que se passa em mim eu talvez
queira ir a um planetário observar Marte
pedir ao vizinho que aumente o volume
e compre umas cervejas   acerto depois
(melhor acertar logo)

toca outra vez o telefone é o médico
diz que na verdade é pior bem pior
e só temos mais uma semana de vida
olhamos ao redor e estamos
vivos *no mesmo lugar mas*
    haverá tempo para os acertos?
uma volta pelo bairro um recado para
o médico telefona de novo
só um dia agora
e o tempo um sangradouro
o coração um templo vermelho pulsante
varrer a sala preparar um arroz
sístole uma hora   diástole meia hora

até que é a última
vez de tudo
da nau que afinal era só uma balsa
a outra margem de quando tudo se deixa
exaurir   *sinto saudades de casa*
mesmo ainda estando aqui

e já não há mais balsa
casa ou saudade ou acerto
o sangradouro do planeta vermelho
os órgãos arrancados em sacrifício
a uns deuses sempre tão carnívoros

sempre mais afeitos ao sangue do que à seiva
do que à água do que ao ar
no fim o coturno que pisa o punho que agarra
a vida
a última voz de

    tudo ao meu redor
não era ao meu redor
tudo ao meu redor era dentro
do lado de dentro de mim

•

56 milhões de quilômetros
que número desmesurado
impossível de aquilatar
mais fácil pensar cinquenta mil cinco mil

lobos-marinhos-do-cabo
os drones contam os corpos são
cinco mil   pontos miúdos opacos
pela costa da Namíbia
tudo ao meu redor está tão diferente

mas se o poeta pensou um Paraíso
onde os pássaros cantassem em grego
e repetissem *eros eros eros*
como será a Terra vista de lá

a Terra vista do sobrevoo pássaro de um drone
que conta cinco mil
pontos miúdos opacos de
fetos de lobos-marinhos-do-cabo espargidos
pela costa da Namíbia
em breve as fêmeas darão à luz
mas em épocas de escassez de comida elas
com frequência abortam
ou abandonam os recém-nascidos

o deus dos astecas exigia
corações humanos vermelhos ainda pulsantes
o poeta grego desejou corações pássaros
humanos vermelhos
ainda pulsantes do lado de dentro
do corpo
do lado de dentro do abismo do corpo
do gozo da vida

sístole   um músculo que se crispa
diástole   um grito

como será a Terra
vista do lado de lá de nós
vivo no mesmo lugar mas
tudo mudou tanto tudo
ao meu redor está tão diferente

e em breve as fêmeas darão à luz

como será a Terra vista
do lado de dentro da luz
onde Eros revoga os diabos
como será a Terra vista
do lado de dentro do verde da folha
raspada por um sol grátis
neste momento da tarde
e agora neste

•

pelo rio
silencioso do tempo
pelo tempo de dizer a vida
    é mais importante do que

a arquitetura a poesia   a arte

as formas de se construir um palácio
um muro ou uma ponte as formas

do mistério da miséria humana os palácios
e os que estão do lado de fora os templos
e os que estão do lado de fora os
que escorrem por baixo
das luzes das cidades do sobrevoo
de um drone sobre a costa da Namíbia

forma é vazio continente é conteúdo
tudo está em chamas e há
um glaciar que
trinca

no céu da Terra um planeta
rebrilha infirme rubro
pelo tempo de se olhar para ele
pelo rio
silencioso do tempo de se olhar para ele
saudades de casa
mesmo ainda estando aqui

como será a Terra vista
do lado de dentro do tempo
da Terra   como se fôssemos mesmo
mais dela do que de Marte
ainda fiéis e amantes
pontos vermelhos radiantes diríamos
estrelas daqui

obrigada

A Mariana Palma, pela cessão dos direitos de uso da imagem da capa.

À cineasta portuguesa Graça Castanheira, pelas imagens que acompanharam dez destes poemas num projeto nosso de vídeo-poemas realizado em abril de 2020 como um modo de estar na pandemia da Covid-19 (que então apenas começava). O projeto foi realizado a seis mãos com Pedro Freitas, que cuidou do som, e a quem também agradeço. Esses vídeo-poemas foram espalhados na Internet e depois disponibilizados em www.adrianalisboa.com/video-poemas.

À revista *Modern Poetry in Translation*, pela publicação de "*Atelopus zeteki* (rã-dourada-do-Panamá)", em tradução de Alison Entrekin, na edição nº 3 de 2019 — *I Have Not Known a Grief Like This: Focus on Extinction*;

Ao jornal *Rascunho*, pela publicação de "Divisa", "Obrigada por perguntar" (em versões anteriores) e "Rés-do-chão" na edição de novembro de 2019;

À revista *Espacios Transnacionales*, pela publicação de "Répteis" e "À espera" na edição nº 14, janeiro-junho de 2020;

À *Capitolina Revista*, pela publicação de "A flor e o seu protesto" na edição de junho de 2020;

À revista *ClimaCom*, da Unicamp, pela publicação dos vídeo-poemas no dossiê "Florestas" da edição nº 17, 2020.

A todas as pessoas que passaram por aqui com suas leituras e sugestões.

algumas referências

O filósofo dos poemas "Vaga-lume" e "Solastalgia" é Georges Didi-Huberman, por seu trabalho em *Sobrevivência dos vaga-lumes*.

Os três primeiros versos de "Basalto sanguíneo" ("o único lugar no mundo/ onde existe basalto sanguíneo/ é o rio Taquari") vieram escritos num papelzinho acompanhando uma pequena pedra de basalto negro com basalto sanguíneo incrustado. A pedra veio do ateliê de Fernando Bertolini, em Florianópolis, e foi presente da minha amiga Juliana Leite.

"Lida dos cinquent'anos" faz referência ao título do livro *Lira dos cinquent'anos*, de Manuel Bandeira. Também são de Bandeira, além de outros detalhes da sua paisagem, dois versos do poema "Bandeira": "pura ou degradada/ até a última baixeza" (de "Estrela da manhã").

"Tudo o que toco torna-se novo" é uma frase atribuída ao mestre budista vietnamita Truc Lam Dai Si, que viveu no século XIII e era conhecido pelo nome de Floresta de Bambu.

"Um peixe lê Drummond" foi escrito a partir do poema "Forja", de Carlos Drummond de Andrade.

"Solastalgia" se inspirou num artigo de Ossie Michelin para o jornal *The Guardian*, publicado em 15/10/2020 e intitulado "*Solastalgia:* Arctic inhabitants overwhelmed by new form of climate grief". Os versos *"vivo no mesmo lugar mas/ tudo mudou tanto tudo/ ao meu redor está tão diferente/ que sinto saudades de casa/ mesmo ainda estando aqui"* são uma adaptação de um depoimento de Ashley Cunsolo, estudiosa das comunidades inuit, transcrito no artigo ("'People are expressing this deep pain,' says Cunsolo, 'saying I am still living in place, but my home has changed so much, everything around me looks so different, it feels so different that I am homesick for my home even though I am still here.'"). O poeta grego citado no poema é Odysseas Elytis.

sobre a autora

Adriana Lisboa nasceu no Rio de Janeiro em 1970. Publicou, entre outros livros, os romances *Sinfonia em branco* (Prêmio José Saramago), *Um beijo de colombina*, *Rakushisha*, *Azul corvo* (um dos livros do ano do jornal inglês *The Independent*), *Hanói*, *Todos os santos,* os contos de *O sucesso* e os poemas de *Parte da paisagem, Pequena música* (menção honrosa – Prêmio Casa de las Américas) e *Deriva.* Publicou também algumas obras para crianças, como *Língua de trapos* (prêmio de autor revelação da Fundação Nacional do Livro Infantil e Juvenil) e *Um rei sem majestade.* Seus livros foram traduzidos em mais de vinte países. Seus poemas e contos saíram em revistas como *Modern Poetry in Translation, Granta* e *Casa de las Américas.*

www.adrianalisboa.com

© Relicário Edições, 2021
© Adriana Lisboa, 2021

Dados internacionais de Catalogação na Publicação (CIP)

L769v

Lisboa, Adriana

O vivo / Adriana Lisboa. - Belo Horizonte : Relicário, 2021.

84 p. ; 13cm x 21cm.
ISBN: 978-65-89889-06-9
1. Literatura brasileira. 2. Poesia. I. Título.

CDD 869.1
2021-2047   CDU 821.134.3(81)-1

COORDENAÇÃO EDITORIAL Maíra Nassif Passos
ASSISTENTE EDITORIAL Márcia Romano
REVISÃO Márcia Romano
PROJETO GRÁFICO & DIAGRAMAÇÃO Ana C. Bahia
IMAGEM DA CAPA Mariana Palma | Sem título, 2020
             Impressão fotográfica sobre papel | 130 x 76cm

Rua Machado, 155, casa 1, Colégio Batista | Belo Horizonte, MG, 31110-080
contato@relicarioedicoes.com | www.relicarioedicoes.com
@relicarioedicoes   /relicario.edicoes

1ª edição [2021]

Esta obra foi composta em FreightSans Pro e
FreightText Pro sobre papel Pólen Bold 90 g/m²
para a Relicário Edições.